LIVRO DAS OBRAS

CONTEXTO

Editora Appris Ltda.
1.ª Edição - Copyright© 2023 do autor
Direitos de Edição Reservados à Editora Appris Ltda.

Nenhuma parte desta obra poderá ser utilizada indevidamente, sem estar de acordo com a Lei nº
9.610/98. Se incorreções forem encontradas, serão de exclusiva responsabilidade de seus organi-
zadores. Foi realizado o Depósito Legal na Fundação Biblioteca Nacional, de acordo com as Leis nos
10.994, de 14/12/2004, e 12.192, de 14/01/2010.

Catalogação na Fonte
Elaborado por: Josefina A. S. Guedes
Bibliotecária CRB 9/870

	André, Marcos, (Pastor).
A553l	Livro das obras : contexto / Pr. Marcos André. -
2023	1. ed. – Curitiba : Appris, 2023.
	78 p. ; 21 cm.
	ISBN 978-65-250-4008-0
	1. Poesia brasileira. 2. Vida. 3. Fé. 4. Amor. I. Título. II. Série.
	CDD – 869.1

Appris
editora

Editora e Livraria Appris Ltda.
Av. Manoel Ribas, 2265 – Mercês
Curitiba/PR – CEP: 80810-002
Tel. (41) 3156 - 4731
www.editoraappris.com.br

Printed in Brazil
Impresso no Brasil

Pr. Marcos André

LIVRO DAS OBRAS
CONTEXTO

FICHA TÉCNICA

EDITORIAL
Augusto V. de A. Coelho
Sara C. de Andrade Coelho

COMITÊ EDITORIAL
Marli Caetano
Andréa Barbosa Gouveia (UFPR)
Jacques de Lima Ferreira (UP)
Marilda Aparecida Behrens (PUCPR)
Ana El Achkar (UNIVERSO/RJ)
Conrado Moreira Mendes (PUC-MG)
Eliete Correia dos Santos (UEPB)
Fabiano Santos (UERJ/IESP)
Francinete Fernandes de Sousa (UEPB)
Francisco Carlos Duarte (PUCPR)
Francisco de Assis (Fiam-Faam, SP, Brasil)
Juliana Reichert Assunção Tonelli (UEL)
Maria Aparecida Barbosa (USP)
Maria Helena Zamora (PUC-Rio)
Maria Margarida de Andrade (Umack)
Roque Ismael da Costa Güllich (UFFS)
Toni Reis (UFPR)
Valdomiro de Oliveira (UFPR)
Valério Brusamolin (IFPR)

SUPERVISOR DA PRODUÇÃO
Renata Cristina Lopes Miccelli

ASSESSORIA EDITORIAL
Nathalia Almeida

REVISÃO
João Simino
Stephanie Ferreira Lima

PRODUÇÃO EDITORIAL
William Rodrigues

DIAGRAMAÇÃO
Bruno Ferreira Nascimento

CAPA
Lívia Weyl

Dedico esta obra a todas as pessoas que buscam um refúgio para refletir sobre questões importantes em suas vidas, principalmente para aqueles que têm perdido a esperança de melhoria da sua situação. Espero que as palavras contidas neste trabalho possam acrescentar experiência e algumas respostas para aquelas questões que mais nos perturbam.

Procurei deixar também alguns conselhos para que os amados leitores possam aumentar as possibilidades de crescimento em sabedoria e conhecimento.

AGRADECIMENTOS

Agradeço ao Senhor dos Exércitos, ao Seu Filho e ao Espírito Santo, por todos os acontecimentos, tantos os bons quanto os ruins, que me fizeram o que eu sou hoje; à minha digníssima esposa e meus filhos, por me amarem e fazerem parte dessa história de vida; e ao meu amado pai.

PREFÁCIO

Livro das obras – Contexto é um compilado de poesias seguidas de textos reflexivos. Poemas que segundo o autor não pertencem somente a ele, pois são pequenos pedaços da história de todos nós. Separados em oito capítulos que tratam dos temas: amor, relacionamentos, dores, alegrias, passagem do tempo e a fé. Esta obra te levará a pensar sobre a vida, analisá-la e o encorajará a buscar respostas para as perguntas difíceis que nos circundam.

Uma das principais mensagens do livro é que devemos nos doar com total entrega a todos os pequenos momentos da vida antes que eles acabem, e que assim possamos ter lembranças boas daqueles que o tempo já levou.

O autor fala do tempo com certa dor em suas palavras, pois a passagem do tempo é dolorosa, mas nos mostra que ela é necessária para uma vida completa, mesmo sentindo, às vezes, que nos falta tempo para viver. E no decorrer do tempo lidamos com alegrias, tristezas, amor e tudo o que os nossos relacionamentos nos proporcionam. Um dos relacionamentos mais citados no livro e que é tema do segundo capítulo, é o relacionamento entre amigos, pois trata da necessidade que temos de uma amizade presente, não apenas em datas comemorativas, mas uma verdadeira relação de cumplicidade, respeito, consideração e amor. O autor chega a problematizar a forte relação que a nossa geração tem com a internet e as redes sociais e em como essa conexão com os que estão longe nos desconectam daqueles que estão perto.

Não há como falar sobre a vida sem mencionar suas amarguras, viver nos causa dores, às vezes, marcas irreparáveis com as quais temos que lidar. Com lágrimas tentamos lavar o nosso corpo das feridas causadas, e com choro silencioso que não escorre no rosto, lamentamos a maravilhosa e dolorosa dádiva que é viver. O livro nos passa a mensagem de que não devemos alimentar esses lamentos e sim reagir, mostrando nossa força para aqueles que nos feriram.

E assim entramos em um novo capítulo, que nos faz buscar nossa força interior, quando focamos em nós mesmos e em nosso potencial, nos tornamos influenciadores desse mundo, passando a não mais refletir aquilo que os outros dizem que somos, e sim, o que desejamos ser. O autor nos leva a fazer uma reflexão sobre o legado que estamos deixando no mundo, isto é, o que estamos passando para os outros e principalmente, quem estamos sendo para nós mesmos.

O tema amor é abordado várias vezes e de formas diferentes, mas sempre ressaltando que o amor é necessário e que dele tiramos a nossa felicidade, pois amar e ser amado é o que nos dá propósito para assim viver cada dia intensamente.

O autor cita que aprendeu a se proteger dos males do mundo, concentrando sua energia em desejar as coisas que já tem, sendo grato por tudo que possui e conquistou. Talvez, esse seja um dos segredos mais valiosos que o escritor compartilhou com seus leitores.

O livro faz uma volta pelos aspectos importantes da nossa vida, principalmente os nossos relacionamentos. De certa forma, o autor tenta nos ensinar algo que aprendeu com sua experiência de caminhada, passando lições sobre como nos relacionar com as pessoas e lidar com os problemas da vida sem que isso nos derrube. A todo tempo, o livro fala de fé e conhecimento, mesmo que de forma implícita, pois segundo ele foi através da conexão com o Criador, que aprendeu suas melhores lições e nos provoca a também aplicá-las para uma vida feliz.

Tive a oportunidade de conhecer o autor desta obra de perto, pois ele é também o meu pai. Sempre foi um amante da literatura e por isso é uma figura de grande inspiração para mim e uma das razões pela qual curso Letras.

Acredito que um homem que se aprofundou por tanto tempo no mar literário tem propriedade para abordar um tema tão complexo como a vida. Escrevo tal afirmação baseada nas palavras do grande poeta Fernando Pessoa, "A literatura, como toda a arte, é uma confissão de que a vida não basta.".

Com base nisso, e em todo o resto, acredito que posso afirmar que a principal mensagem deste livro é: viva! Mas viva intensamente!

Talita Pereira
Graduanda em Letras pela Unesc

REFERÊNCIA

PESSOA, F. *Citações e Pensamentos de Fernando Pessoa*. [*S. l.*]: Casa das Letras, 2009.

APRESENTAÇÃO

A vida possui altos e baixos, assim ela é construída, não é uma questão só de erros e acertos, mas uma questão de vida. Pela nossa natureza imperfeita, se fizéssemos tudo certo, seríamos incompletos. A soma dos nossos erros e acertos nos conduzem à perfeição.

Esta obra é um compêndio de poesias que nos conduzem a uma reflexão mais profunda da vida. Os poemas que escrevi ao longo da vida tratam dos relacionamentos que vivemos e que nos fazem viver; o relacionamento com a vida, com as pessoas e com Deus.

A vida é tão difícil de se entender quanto é de ser vivida. Por isso, apresento este trabalho, com a ideia de que possamos viver profundamente a vida, pois por trás de cada fato de nossa existência está um monte de pequenas atitudes que nos conduziram até aquele momento específico e que nos influenciam na tomada das grandes decisões. Com isso, devemos reconhecer que na face de cada pessoa está a ponta de um *iceberg*, que oculta uma grande história de vida!

As poesias relacionadas aqui não se concentram em datas, mas se atêm aos momentos, pois os momentos vividos são o contexto de cada poesia. São versos que tratam de momentos da vida, momentos de aflição, de solidão, de tristeza, de alegria etc.

Refiro-me a momentos vividos por mim e pelos que me cercam e que me recuso a me apropriar deles, pois sei muito bem que são fragmentos de vidas de todos nós. Por isso, os compartilhei no blog TEMPO DE PAZ (meu antigo blog de poesias) e agora torno-os públicos também aqui.

Entre agora comigo neste meu pequeno mundo de reflexões e poesias!

Boa leitura!

As pequenas decisões nos levam à tomada de grandes decisões.
E a soma de todas elas fazem a nossa vida acontecer.

SUMÁRIO

INTRODUÇÃO 19

CAPÍTULO 1
O TEMPO 23

CAPÍTULO 2
OS AMIGOS 31

CAPÍTULO 3
LAMENTO 37

CAPÍTULO 4
FORÇA 47

CAPÍTULO 5
FELICIDADE 55

CAPÍTULO 6
VERSOS PROIBIDOS 63

CAPÍTULO 7
A RELIGIÃO 69

CAPÍTULO 8
PRÁTICO 75

INTRODUÇÃO

MILAGRE DAS PALAVRAS
Palavras existem e fazem milagres.
salvam vidas perdidas
alegram pessoas sofridas
e mudam histórias, fazem as pazes.

Expressões muito eficazes
que alegram o dia da gente,
que iluminam dos homens a mente
e renovam as velhas amizades.

Quanto bem pode fazer
um obrigado não tem de quê!
um por favor, dá pra ser?
ou tudo bem? Como vai você?

É um "eu te amo" que está faltando,
que some com o tempo que vai passando.
São palavras fáceis de se dizer,
mas hoje raras acontecer.

Mas que melhoram pra quem já está falando,
quando chegam os primeiros cabelos brancos
as palavras doces da vida que usamos
viram poesias no coração que está amando.

A existência é construída pelas nossas interações, com os nossos relacionamentos, seja com as pessoas, com o Criador, com a família, com os colegas de trabalho e por aí vai. E nessa existência, seja breve ou longa, seja tranquila ou atribulada, nada acontece por acaso, mas cada partícula de momento, cada fato, faz parte de um todo, que ao se completar nos dá o entendimento do porquê de certas coisas terem acontecido do jeito que aconteceram. Refiro-me àquelas coisas que às vezes deram errado em nossa vida, e pelo simples fato de terem dado errado, levaram-nos a coisas grandes e maravilhosas. Então, você para pra pensar: "se tudo tivesse dado certo, eu não teria chegado até aqui"; "se tudo tivesse dado certo eu não teria conhecido aquela pessoa que veio a se tornar o meu grande amor e, talvez, se tudo tivesse dado certo e se tudo fosse perfeito, eu teria uma vida imperfeita".

Na sequência de acontecimentos da minha caminhada, eu parei para refletir os pequenos momentos e daí saíram os versos dos quais exponho uma amostra aqui. Assim a minha poesia é a poesia das pequenas coisas, dos pequenos momentos, que embora pequenos, são muito significativos. É também a poesia dos detalhes escondidos, dos que não aparecem e, se aparecem, não são percebidos, porque dos fatos simples do cotidiano aos mais complexos assuntos, deixamos de ver detalhes, detalhes estes que a poesia pode trabalhar, pois é para esses detalhes que o poeta olha, para descobri-los, estudá-los e entendê-los, porque o poeta não poderá jamais olhar o mundo com os mesmos olhos que todos usam.

Na verdade, a grande realidade que ninguém admite abertamente, por medo ou conveniência, é que o mundo e a vida que se pratica nele, embora tenha seus bons momentos, é completamente sem graça, e que esse mundo é terrivelmente mau, consumindo e escravizando as pessoas que nele labutam. Mas alguns seres humanos esclarecidos e iluminados desenvolveram coisas que tornam a vida mais agradável ou *vivível*, por assim dizer.

Essas coisas que eles desenvolveram se tornaram estilos de vida e são como necessidades para todos nós, estou falando das artes, da música, da poesia, do esporte, da religião e de outros derivados. Essas são práticas que, tanto quanto o ar que respiramos, ajudam-nos a viver neste mundo terrível e que o torna habitável. Não inventamos nenhuma dessas coisas, apenas as desenvolvemos, pois elas vieram do céu, de onde também viemos, e estavam em nosso interior, mais precisamente no coração.

A poesia é uma dessas coisas que nos ajudam a enxergar o mundo de outra forma, de um outro ponto de vista, fazendo-nos ver coisas abstratas e subliminares, que é impossível de se perceber pelos olhos da razão, mas que estão lá mesmo assim, compondo o todo.

Em poesia, respirar não é somente o efeito do diafragma sobre o pulmão puxando e expelindo o ar, vai muito mais além disso, respirar é viver sequencialmente cada momento, e escrever versos é continuar vivendo quando esse ar acaba.

CAPÍTULO 1

O TEMPO

E se tem amor aí dentro
cresce ou se acaba no tempo
mas se vive correndo sem tempo
pode com o tempo acabar morrendo

O tempo define nossa existência, tanto poeticamente como cientificamente, ninguém poderia afirmar existir de verdade, se não fosse o tempo correndo.

Talvez, o tempo seja a maior dádiva que Deus deu ao ser humano.

Só que há uma verdade sobre ele. O tempo é circunstancial, pois o valor do tempo não é o mesmo para todos, porque se os minutos contam para o jogador de xadrez, são os milésimos que fazem a diferença para o corredor de Fórmula 1. Porém, uma verdade é absoluta: o tempo está passando! E outra verdade absoluta sobre ele é que ele não nos espera e nem volta atrás; não espera você ficar de bem com a vida; não espera você pedir perdão e se consertar com os seus entes queridos, o tempo simplesmente vai passando.

Se os ponteiros na face do relógio da parede te dão a impressão de que o tempo está parado, não se deixe enganar, pois ele está passando, e acredite, cada minuto que você perder nunca mais voltará pra você.

Foi pensando nisso, que escrevi estes versos:

SEM TEMPO
Os momentos são um após o outro.
Neles vai tudo acontecendo
a sucessão deles são o presente dessa época
que já passado agora se faz lembrança.

As muitas lembranças constroem uma vida
e muitas vidas formam a história
só isso que precisava agora
muitas vidas e uma história

já não conto muitas histórias
tem parasitas parasitando meu corpo
menos ferozes dos que parasitam a mente
tiram-me o tempo que vai dando rugas de presente

mas quase não percebo o tempo que eu perco
com todo esforço que desprendo fazendo o que é certo
não consegui muitas histórias todo esse tempo
faltou tempo para viver alguns momentos

Não perca tempo com banalidades da vida, mas gaste suas 24 horas que você ganha de presente todos os dias com as coisas que realmente importam. Tudo o que você ganha nessa vida, você terá que devolver um dia, então não perca tempo com as futilidades que a sociedade moderna lhe impõe.

***

Ao falar de tempo, devo lembrar que existem coisas importantes em nossa vida que só podem vir com ele, pois, se as recebêssemos antes do tempo, poderíamos desperdiçá-las e se as tivéssemos após o tempo, não as aproveitaríamos. Por isso, a viagem no tempo é a coisa mais sem lógica que existe, pois se alguém conseguisse voltar no tempo, jamais corrigiria os seus erros, jamais correria o risco de fazer algo diferente, simplesmente pelo medo de mudar o futuro e perder as pessoas amadas que o tempo lhe trouxe.

Certa feita chegou um presente em casa, por causa da filha caçula que o desejava, contra a minha vontade, mas não tinha como negar, aquele presente era uma graça, fofinho, brincalhão, era um cachorrinho. Roubou a cena e me provocava como se quisesse forçar uma amizade, então me pus a discorrer sobre o tempo de se deixar o amor entrar.

O TEMPO DO AMOR
O amor chega pra quem o deseja
acha um lugar em nossa casa
encontra um cantinho no chão
e vamos alimentando ele a cada dia
e vai crescendo no coração
tem uns que explodem de alegria
tem outros que se contêm todo dia
mas todos crescem ou definham
lutam ou desistem
e o amor ganha ou perde
achava que a falta de amor alimentava o câncer
depois descobrir que sua falta é muito pior
porque câncer mata aos poucos

e quem não possui nenhum amor a crescer
deixou faz tempo de viver.
E se tem amor aí dentro
cresce ou se acaba no tempo
mas se vive correndo sem tempo
pode com o tempo acabar morrendo.

O cachorrinho conquistou o espaço dele e eu entendi o meu.

Para valorizar as pessoas que amamos é preciso também valorizar aquilo que elas amam.

***

Sem mais perda de tempo, convido-te a lembrar dos teus momentos, dos momentos que você viveu com o amor que a vida lhe deu. Refiro-me à pessoa por quem o teu coração cisma em bater, talvez seja lembrança ou quem sabe se ainda é sonho. Mas o tempo corre na sequência dos momentos, por isso lhe recomendo: construa cada ocasião, como se não houvesse outro momento para acontecer.

TEMPO DE AMAR
De tempo em tempo ela o olhava
de tempo em tempo ele olhava pra ela
de vez em quando cruzavam as vistas
de quando em vez trocavam os beijos.
Sim, beijos,
longos e acalorados,
eram beijos de namorados.

O tempo todo estavam assim,
por muito tempo namoravam ali.
Ali onde eles tinham todo tempo
como se sol e lua parassem,
como se parassem os astros
que fazem acontecer o tempo.

Se soubessem que tinham o melhor momento
e que nunca mais volta o tempo
que vai se perdendo
e cada ano menos beijo
que cada beijo menos tempo.

Mas a vida se desenrola no tempo
e o tempo vem de momentos.
São momentos que convidam os casais
a se amarem ainda mais,
a se amarem enquanto há tempo.

Com essa poesia vai o meu convite para os casais que estão vivendo suas histórias. Se já flertaram, se já se namoraram, se já se desejaram; peço que não deixem o casamento se equilibrar nos altos e baixos de uma cômoda amizade. Curta a pessoa amada como se fosse a última vez.

***

A verdade é que o tempo não para, e o fato de ele estar correndo é o que define a nossa existência, isso chega a ser poético, mas aquilo que parece poético num momento pode se tornar trágico, se visto de outro ângulo, pois a realidade inegociável é que o tempo não para jamais, e um dia tudo isso vai passar, nós iremos passar, somente lembranças ficarão.

Cheguei muitas vezes a pensar nisto:

TUDO PASSA
Queria que o tempo parasse
e os ponteiros não mais se olhassem,
pois se o tempo passa pra nós
tudo passa com ele também.

Queria que o tempo parasse.
Que meus filhos deixassem de crescer
e que a velhice não chegasse até aqui,
e a segunda idade não parasse de acontecer.

Enquanto o tempo corre nos relógios
eu só tenho tempo pra correr
e a vida passando diante de mim
e eu sem tempo pra viver.
Queria ter mais do meu tempo pra você
queria mais do seu sorriso pra ver.

A infância virou relances até crescer
a adolescência nem vi passar
e a juventude foi embora em cada adeus,
se dissipou em cada sonho que deixei de ter.

Queria somente que o tempo parasse
ainda que precisasse lutar como Josué
pra uma única batalha vencer,
mas que ele pudesse por instantes parar
para eu começar a viver.

Que a utopia dessas rimas não seja só pensamentos para nos consumir, mas que realmente possamos viver a cada instante com aqueles que amamos, para que no dia em que eles não estiverem mais aqui, possamos ter boas lembranças que os mantenham respirando dentro de nós.

* * *

CAPÍTULO 2

OS AMIGOS

Porque os amigos que quero
são de trezentos e sessenta e cinco
todos os dias dos amigos
só os que entendem o que espero
são os que comemoram comigo.

Certa vez alguém disse: "o verdadeiro amigo não é aquele que separa suas brigas, e sim aquele que chega dando voadora!". Sem ignorar a violência implícita nessa afirmação, digo que é uma frase muito coerente, porém, eu prefiro imaginar que o verdadeiro amigo não precisa chegar para dar voadora em ninguém, pois o verdadeiro amigo é o que não sai do teu lado, metaforicamente falando, e sinceramente eu espero que meus amigos jamais dependam das minhas voadoras, pois ficarão decepcionados, literalmente falando.

O verdadeiro amigo está sempre por perto na hora dos teus apertos. Um outro anônimo de mente iluminada afirmou: "o verdadeiro amigo entra na nossa vida quando todos estão saindo dela.".

Mas eu quero agora falar do amigo dos sonhos. Não no sentido de amigo ideal, mas eu me refiro ao amigo que acredita em nós, nos nossos projetos e planos, aquele que não zomba e nem se afasta nas nossas primeiras falhas, que se alegra quando você realiza um sonho. Sim, os amigos com quem compartilhamos os devaneios, os que são mais chegados que um irmão. Infelizmente, nem todos são assim!

AMIGO DOS SONHOS
Em dias de sonhar sonhos pra viver
gerei maravilhosos planos
que a arrogância de muitas palavras
matavam quando tentavam nascer.

Hora de alegria vendo a luz chegando
hora de dor vendo o ânimo indo embora
tem horas de se fazer planos,
mas tem sonhos destruídos todas as horas.

Tem gente que pisa em nossos planos,
os que não sentem a mesma dor
não caminham em estradas de sonhos
nem levantam sonhos caídos na estrada
nunca riem nem choram de amor.

Andei realizando sonhos por aqui
mas nem todos os amigos me abraçaram,
nem choraram e nem riram,
na verdade, nunca sonharam meus sonhos
na verdade, jamais planejaram meus planos.

Alguns dos nossos amigos vivem nossos sonhos, alegram-se neles mais do que um irmão, não para cumprir protocolos e nem para preencher lacunas de relacionamentos falidos, mas o fazem simplesmente por saberem valorizar uma verdadeira amizade. E a pergunta que fica é: saberemos dar a nossa melhor reciprocidade?

***

O perdão é minha obrigação, imposta pela religião, mas deve ser praticado por convicção e não por imposição. No entanto, a confiança é uma conquista, como uma casa de pau a pique, difícil de ser erguida, mas fácil de ser demolida. Não há valor que pague uma amizade.

A decepção que um amigo nos aflige é mais cortante que golpes de espada e muito mais difícil de cicatrizar. O amigo pode te ferir mais, porque é o que consegue chegar mais perto. Foi pensando em alguns desses que me veio essa terrível inspiração:

O PREÇO DE UMA AMIZADE
Na quebra de alianças
chorei a nossa, meu amigo
a forte dor de afiadas palavras,
e boas lembranças que tinha contigo.

Mas que valor ganhaste por isso?
Por que usou palavras ao invés de punhaladas?
Logo você, meu chegado amigo,
a quem eu ouvia, com quem eu contava.

Eficaz e doloroso foi o golpe,
porque me apanhou desprevenido,
pois jamais pensei que fosse tu.
Dói mais no coração de amigo

Pra você confidenciei
e pra você emprestei o ouvido
quando também cedia meu ombro.
Em qual ombro encosto agora?
Se o melhor de todos os ombros
era o ombro do meu único melhor amigo.

Meu perdão é teu meu amigo
e a retribuição não estará comigo.
Porém a confiança será como uma casa
que derrubada leva tempo a ser restaurada.
E quando pronta e acabada,
não sei se quero mais ocupá-la.

Que cuidemos dos nossos amigos, mas que cuidemos ainda mais, do nosso coração, e dos segredos que temos guardado nele, pois ninguém dos que estão abaixo do trono de Deus, conhece o coração humano. E não sabendo de fato se há pureza nas intensões dos amigos, só convém se abrir quando temos a devida certeza. A certeza de que tudo o que dissermos não será usado contra nós.

***

A tecnologia evoluiu tanto, tornando tudo tão mais fácil, mais rápido, mais eficiente etc. As distâncias parecem ter se encurtado, pois hoje viajamos a grandes distâncias em poucas horas e as pessoas se falam ao toque na tela.

Porém, na realidade, os atores seguiram outro roteiro e os dançarinos seguem uma música diferente, pois o que era para unir as pessoas, principalmente as pessoas entrelaçadas por vínculos de parentesco ou de amizade, está deixando-as mais distantes. Sim, a tecnologia aproxima corpos, mas não pessoas!

São filhos que não falam mais com seus pais, casais que pouco se comunicam, ainda que morem juntos e amigos que acreditam que tudo se resolve com uma mensagem de texto ou de áudio. No entanto, o fato é que não há nada mais poderoso do que uma visita, um abraço apertado e as palavras ditas com os olhos, focando direto nos olhos.

Então, para os meus amigos de perto e de longe, eu ofereço essa mensagem em forma de poesia:

PRESENTE DOS AMIGOS PRESENTES

Mais um aniversário que vivo
não desejo os presentes dos amigos
só desejo o melhor da presença
dos que não estão sempre comigo.

Tão perto todos os dias,
mas longe da atenção
desses eu quero mais abraços
não de protocolo de aniversários,
mas braços de amigos acalorados.

Só um dia por ano
muito pouco pra quem ama tanto.

Quando os beijos de carinho
viram requisitos de festas
saio da cena na hora certa.

Porque os amigos que quero
são de trezentos e sessenta e cinco
todos os dias dos amigos
só os que entendem o que espero
são os que comemoram comigo.

As tradições têm roubado o verdadeiro valor das come-
morações, as festas montadas, as roupas específicas, a lista dos
convidados e a evolução dos eventos, tudo muito caro e muito
problemático. E quem pensou nos que não podem pagar? Ou
naqueles que possuem a roupa adequada pra usar? Esses proto-
colos separam as classes e coloca cada um no seu devido lugar.
Mas eu gostaria das coisas mais simples como os abraços e como
a simples presença dos amigos. Tudo tão simples, mas tão rico,
sem tanto protocolo, mas tão agregador.

**

CAPÍTULO 3

LAMENTO

Enquanto a lágrima seca
você deve plantar novas rosas
sempre olhando as cicatrizes
dos espinhos de outrora.

Não se chora somente com ruídos e com as lágrimas, pois os piores choros são os que se choram por dentro. E quem sofre disso sabe, ainda que você tenha palavras cordiais nos lábios e um sorriso desvanecente no rosto, o choro contido corre no interior. Como lava de um vulcão, revolvendo-se por dentro por não ter entrado em erupção, assim é a tristeza no interior acabando com tudo.

Foi exatamente por isso que Deus inventou o choro, para que o ser humano possa extravasar sua tristeza, sendo assim, o choro é a válvula de escape da alma. E para os mais introvertidos, Deus liberou o recurso da poesia.

Porém, existe um choro que não sai de uma vez, mas se chora em silêncio, um pouquinho a cada dia, sem som e sem que ninguém perceba. Aqui, eu o chamo de lamento, sendo assim, para que ele não me corroesse por dentro, o externei em versos, rimas, metáforas e outras tantas figuras de linguagens que a literatura me permitiu.

Para contextualizar essa próxima poesia, eu lembro que em alguns momentos, houve profundas tristezas que renderam choros ruidosos, mas por se repetirem as mesmas situações constantemente, os choros foram perdendo suas características, foram se acabando os soluços, os ruídos, as lágrimas, até se internalizarem no coração. E como um rio assoreado que perde a sua força, devido a tanta coisa no seu leito, assim também aquelas tristezas deixaram de destruir e se tornaram quase banais.

RIO DE LÁGRIMAS
Eram águas que passavam
sobre as maçãs avermelhadas
chegando até a boca
limpando a expressão envergonhada.

O rio que desaguou foi o suficiente
pra levar embora toda a mágoa
e limpar toda a sujeira acumulada
acumulada nos anos de estrada.

No dia em que ele rompeu em mim
tentava eu segurar sua enxurrada,
mas a fonte de minha única tristeza
brotava da alma, cada vez mais água.

Como águas desse rio que vem e que passa
e nunca mais nesse leito retornarão,
derramei também as mesmas águas
por aqueles que nunca mais voltarão.

Como o rio que vai ao mar a desaguar
encontrando outros rios que desaguam por lá.
Achei também outros bons amigos
que choravam juntos a dor de amar.

Assoreado está em mim esse rio
pois não se chora sempre a mesma dor.
Não correrá sempre igual no mesmo leito,
não consigo mais chorar o desamor.

Aos que se cansaram de chorar a mesma dor, é hora de seguir em frente, enxugar as lágrimas e prosseguir. Se forem lágrimas externas um lenço vai resolver, mas se forem internas, terá que acessar o coração, conversar um pouco, a fim de aliviar a alma, como eu faço às vezes em oração. Porque sempre haverá dores, e é assim que a vida acontece, momentos de dificuldades e momentos de alívios, de tristezas e de alegrias, e a vida não vai te esperar!

* * *

Por vezes, a vida nos traz coisas tão lindas e momentos tão bons que passamos a viver como se eles nunca fossem acabar, são momentos perfeitos, mas a grande realidade é que eles não nos fazem crescer, muito pelo contrário, muito pelo contrário mesmo. Na realidade são as lutas que nos fazem crescer, sim, são as dificuldades que nos moldam. Somente as cicatrizes apontam a melhor decisão, ou talvez a pior decisão, aquelas que tomamos nos caminhos do passado.

Hoje, eu sei que os momentos doces que ganhei da vida não eram para ser desfrutados só de olhos fechados, pois debaixo de cada palavra meiga pode se esconder espinhos traiçoeiros. Infelizmente, foram desses momentos que colhi algumas das mais marcantes decepções.

Mas as rasteiras que a vida nos dá só servem para melhorar uma habilidade em cada um de nós, a de se levantar.

A TRAIÇÃO DAS ROSAS
Enquanto choravam
por toda água que faltava no copo
você dava gargalhadas pelo tanto que tinha.

Descuidou por amar demais
descuidou por acreditar
descuidou por não saber
que não se fecha os olhos
enquanto se colhe as rosas.

não viu ou não quis ver
que logo abaixo da flor
havia ainda espinhos
não viu ou não quis ver.

Pois o que foi dito ao ombro
foi logo ouvido noutro lugar
noutro ombro

porque a melhor amizade
tinha também uma melhor amizade.

Enquanto a lágrima seca
você deve plantar novas rosas
sempre olhando as cicatrizes
dos espinhos de outrora.

As mais profundas experiências que a vida lhe concede estão nos piores momentos que você vive, então não deixe que as dificuldades e frustrações da vida te convençam a desistir de plantar novas amizades, apenas seja mais cauteloso.

***

Como dito anteriormente, a religião é uma ferramenta para vivermos neste mundo terrível, tendo esperança no coração, de que as coisas podem melhorar, que tudo vai dar certo, ou que há um caminho a seguir, ou pelo menos deveria ser assim. Mas, infelizmente, há grupos que se valem das mensagens religiosas, que se valem da eloquência de palavras fervorosas para despertar um sentimento profundo de pertencimento e entrega e que se aproveitam disso para convencer os fiéis devotos a cometerem as mais terríveis barbáries em nome da divindade. Eles estão em todas as religiões, as alas extremistas, que apresentam suas interpretações particulares dos seus manuais de fé. Tentam convencer nossos jovens a pegar em armas ou em pedras, convencendo-os a detonar bombas, as bombas que abreviam histórias, tanto as suas como a de outros.

Essa poesia é parte do meu lamento.

O MUNDO REAL

O mundo parece lindo na mente dos artistas
ainda que retratem a realidade
operam com maestria exemplar,
que fazem uma situação degradante
parecer tão bela e tão interessante.
Com os pés no chão tudo é tão frio
tão cruel e violento.
Bem agora são tantas crianças morrendo.
Bem agora são tantas decapitações ocorrendo.
Bem aqui estão matando os jovens que estão matando
o futuro do mundo matando.
As ideologias complementam a alucinação
mortandades poeticamente elaboradas
matando e morrendo por sublimes ideais!
Isso não é lindo?
Não parece digno de admiração?
É belo enquanto são outros filhos acionando as bombas.
É bonito enquanto outras mães choram
enquanto outros enterram os efeitos colaterais.
Até a fé que devia nos salvar
estão usando para matar.
Na realidade existe um artista dentro de cada pessoa
pintando a imagem que quer de cada situação   .
que vive, que vê ou que passa.
É a arte de loucos que toleramos
até começarem a destruir com a loucura.
Se tenho a chance de lhe dar algo
dou-lhe sabedoria pra amar
a esperança pra sonhar
a fé para vencer.

Se não lutas pra melhorar nada
Em breve não haverá motivos para lutar e nem
para viver!

Certa vez, o Mestre Jesus foi questionado acerca do que fazer para ter a vida eterna, e então Ele perguntou ao que o questionava: o que está escrito na Lei? Como você a lê?

Essa pergunta é um verdadeiro ensinamento sobre a religião, pois é como se Ele estivesse dizendo:

Não deixe somente que outros lhe digam como é, mas leia você e interprete, para não somente andar no caminho, mas para saber também como proceder na caminhada. Cada um possui a inteligência para interpretar os fundamentos que regem sua religião. Pois os que enviam os homens bombas ou os que orientam a depredação e as hostilidades, em nome de Deus, não vão ao fronte.

***

Os golpes que mais causam dor são os que acertam o interior do nosso peito, são aqueles desferidos por quem tem acesso ao nosso coração. Pedras vindas daqueles por quem já choramos, aqueles por quem já oramos.

Nessa estrada da vida, já andamos com amigos de então, mas eram apenas amigos de ocasião. Enquanto a roda gigante da vida girava, e nós estávamos no alto, lançamos sorrisos para eles, mas depois, a roda gigante girou e então eles nos viram por cima, e foi aí que cuspiram sobre nós.

Por isso mencionei aqui esse lamento.

QUEM LANÇA AS PEDRAS?
O que eles pensaram quando
me arremessaram tantas pedras?
O que disseram um ao outro
para acordarem contra mim?

O que os alegrava
enquanto meu corpo caía?
Sentindo o alívio da alma que sumia.

Na verdade, eles nem sabiam
que de muitas pedras não careciam.
Bastou que olhasse ao redor
pra acabar a dor que eu sentia
dando lugar a outra dor que surgia.

Porque as pedras que mais doíam
eram arremessadas pelos que me conheciam.
De quem já limpei as feridas
com quem já dividi a comida.

Das pedras que acertam meu corpo
algumas transpassam a alma.
São essas que tiram a vida.

LIVRO DAS OBRAS — CONTEXTO

Alguns que já passaram por isso jamais se recuperaram, porque algumas pedras atingiram o coração, não o que bate no peito, mas o que chora por dentro. Ainda que a tua alma seja ferida por tantas pedras, resista! Pois essas dores vão passar. Não alimente o sorriso daqueles que querem te ver chorando, não dê alegria aos falsos amigos, mostre a eles a tua garra e a tua força.

***

CAPÍTULO 4

FORÇA

Jamais corrija os que não olham pra si,
pois de arrogantes que são
terão ódio de ti.
Corrija sim, os que se olham assim,
porque de sensatos que são,
abraçarão a correção
e todo conselho de ti.

Agora, chega de lamento e vamos nos concentrar no que nos dá força para o dia a dia, pois tudo o que buscarmos da vida é o que ela vai nos oferecer.

As situações em que investirmos nossa atenção são as que vão nos influenciar, sendo assim, ou a gente investe em esperança, fé e amor, ou investe em desespero, decepção e rancor.

Dentro desse contexto, te convido a viver os próximos versos, isso porque chega um momento na vida de todos os sensatos, em que se evolui de viver à deriva para a buscar de seu lugar no mundo, nesse momento deixamos de ser influenciados e passamos a influenciar, é quando deixamos de ser reflexo e passamos a refletir.

MEU REFLEXO

Estava fazendo tudo igual
refletindo as coisas em redor
somente isso eu era
o mais do mesmo em mim
reflexo do mundo das coisas vãs,
mas uma luz se acendeu no escuro da alma
e me vi refletido no espelho da vida
esmaecido e já desgastado na imagem,
mas era uma libertadora visão
pois as coisas tolas e inúteis não mudam
só o reflexo delas me matava.
Segurei aquela luz divina comigo
então deixei de ser reflexo de tudo
e aos poucos passei a me refletir nas coisas
as coisas tolas passaram a ser
aquilo que eu pensava que são
e nunca mais fui o que me diziam que eu era
nunca mais fui um reflexo do entorno
só daquela luz que do céu me foi dada.
Agora não só admiro os grandes feitos
os feitos dos homens grandes,
mas vivo dia a dia a minha história
não como reflexo inútil, mas como luz
e como vida.

O alerta é esse: ou a gente reflete alguma coisa boa no mundo, ou corremos o risco de nos tornar reflexo das coisas ruins que nele há.

Não viva a vida toda sendo guiado pelas mãos, mas permita chegar o momento de você guiar alguém que vai precisar de você. E quando chegar no auge da caminhada pergunte a si mesmo: qual será o meu legado?

***

O exercício de maior proveito para uma pessoa é o autoexame. Com ele se encontra os erros escondidos ou ignorados e se identifica o que deve ser melhorado. Também com o autoexame podemos saber o que de nós deve ser retirado e ainda o que deve ser acrescentado. Se alguém somente aprecia os erros dos outros, ocupará seu tempo apontando e condenando, no entanto, jamais terá a oportunidade corrigir os seus próprios erros e jamais crescerá.

OLHAR DE DENTRO

Quando o olhar com que tu olhas agora,
olha pra dentro da própria alma,
então tu vês o oculto de outrora,
o que não se vê do lado de fora.

Se olhas pra dentro do próprio íntimo
muito choro verás se calar
e outra guerra não terás pra lutar
e muitos erros terás impedido.

Quando fechas os olhos assim
olhas pra dentro de si.
Não julgas o que dos outros percebe
julgas o que é próprio de ti,
assim não examinarás a teu próximo,
mas examinarás a si próprio.

Jamais corrijas os que não olham pra si,
pois de arrogantes que são
terão ódio de ti.
Corrija sim, os que se olham assim,
porque de sensatos que são,
abraçarão a correção
e todo conselho de ti.

Não seja somente sensato para olhar os seus próprios defeitos, mas também seja sábio para ouvir a correção, seja tua ou de outros.

***

Em rimas quase infantis encontrei esses versos escondidos no passado. Em um tempo em que eu não sabia a diferença entre aprender e aplicar, num momento em que acreditava bastar possuir o conhecimento. Na ocasião, aprendi que os lutadores de artes marciais valorizavam o equilíbrio e desenvolveram o que eles chamam de "base" e afirmavam que numa luta o lutador precisava ter uma boa base. Foi assim que percebi a importância do equilíbrio na vida das pessoas. Então, a natureza me deu os versos que possuía, versos escritos na vida, não eram meus e nem de ninguém, mas estavam lá o tempo todo, impressos em tudo que vemos.

A FORÇA DO EQUILÍBRIO

Nasce no alto da montanha
descendo entre as rochas
a caminho do mar ela move a usina
buscando o equilíbrio a água nos dá a energia.

Quando o ar quente sobe e o frio desce
e a natureza busca seu equilíbrio
sopra nessa hora o vento
que move nossos moinhos.

O raio que rasga o céu
amedronta até o mais forte
fazendo a ligação escandalosa
entre o céu e a terra
equilibrando seus campos.

Equilibra-se a sábia natureza
presenteia os homens com sua força
que com sabedoria transforma em energia.

Porém o mais sábio aprende o equilíbrio
e equilibrando sua natureza pendente
não buscando o muito por conta da soberba,
nem buscando o pouco por conta da miséria.
Mas como disse o sábio salmista
busca o suficiente a cada dia.

Não deseja mais do que pode,
nem menos do que deve,
muito sábio será se souber crescer
em graça e conhecimento
daquele que tudo faz viver.

Terá a força como a natureza
e terá sempre a benção da grandeza.

Que você possa ser um lutador na vida, que derrote os adversários do medo, da negligência, da estupidez, e de todos os tipos de sentimentos e situações que se apresentarem contra você e os que você ama. Mas para isso, você precisará de uma boa "base", e dentro dessa ideia, deve buscar o equilíbrio. Portanto, equilibre-se nas ideias, equilibre-se nas atitudes e equilibre-se nas opiniões.

***

A vida toda observando admirado, e por vezes de boca aberta, os grandes personagens e seus grandes feitos, homens e mulheres que nos fazem respirar mais fundo e dizer: "é isso! Esse é o cara?".

São eles que se levantam do lugar comum e ajudam a escrever a história da família, da região onde vivem e até dos países onde estão. Seus exemplos ajudam a levantar outros e a escrever outras histórias.

Porém, em alguns deles, eu pude notar algo diferente, uma luz interior, que não é deles propriamente, mas que flui de dentro deles, e é de lá que emana a coragem e a força para a persistência. É uma luz divina que os motiva e os impulsiona.

A BUSCA DE UMA VIDA

Vivo à sombra dos grandes homens
como Lutero, Wesley ou Billy Grahan.
Mas não são eles a quem busco
e sim a luz que há por trás
que projeta suas sombras sobre mim.

Sigo na iluminação dos grandes sábios,
mas não são eles, por mais que admirados, a quem realmente busco
e sim a fonte de sua iluminação que onde flui a plena sabedoria.

Caminho nas passadas de meu velho pai,
que por mais honrado que seja
honrado, forte e velho,
ainda não é ele a quem busco
e sim a verdade que encontrou e que o guia.

Vivo me olhando no espelho,
mas não uma figura narcisista que admiro
que nem de longe consegue me empolgar,
mas foco atentamente o que há no interior de seus olhos
a chama do Espírito que se move ali dentro.

A fonte da vida é minha busca.
Os mencionados são meus parâmetros,
provas vivas e mortas
de que estou no caminho;
provas de que estou chegando.

Quando entendi a mensagem do Criador, passei a olhar mais para esses grandes nomes e achei em suas motivações a fonte de todo ânimo, que é o Espírito que há neles. Foi nesse dia que me levantei e parei de admirar a suas lindas histórias e decidi começar a escrever uma também. Parecia garrancho no início, mas a cada dia, a cada página, ela vai ficando melhor!

***

CAPÍTULO 5

FELICIDADE

Quero andar ao lado de tudo que desejo
pra desejar mais ardentemente o que vejo,
sentindo o calor de tocar o que posso ter

Sua simples existência satisfaz o meu amor.
O respirar dela
me inspira a querer mais respirar pra ela.

Houve um momento na vida em que tudo ficou mais claro, mais limpo e mais belo. Parecia que a estrada estava totalmente iluminada para que eu pudesse prosseguir. Refiro-me ao momento em que descobri o meu lugar no mundo, e o que realmente me fazia feliz, o que realmente importava. Como um barco quando solta os cabos do rebocador e começa a navegar. Isso nos dá segurança e aviva o ânimo. Com todas as lutas e dificuldades que ainda andavam comigo na estrada, consegui encontrar a felicidade na vida e descobri que estava tudo ali o tempo todo, bem diante dos meus olhos, bastava estender as mãos para segurá-la. E foi naquele instante da vida que eu notei que era rico! Rico não de dinheiro, mas de satisfação; não de sorrisos convincentes, mas de alegria interior. Rico, sim, com tudo o que tenho e tudo o que sou.

Aí a gente descobre, mais cedo ou mais tarde, que a felicidade não é estar sorrindo o tempo inteiro e nem adquirir tudo que os olhos enxergam, mas é um conjunto de conquistas, satisfações, alegrias, trabalho, realizações, carinho, trabalho, algumas quedas, algumas erguidas, e ainda mais trabalho, e ainda mais satisfação... mais trabalho ainda e mais alegria no coração.

Com toda a certeza, a felicidade nada tem a ver com perfeição e está mais ligada às pessoas ao nosso redor, do que a qualquer outra coisa, ou seja, estar com quem se ama é o item essencial para se estar feliz, seja numa cobertura de um condomínio de luxo ou numa "meia água" no campo, independentemente de condições financeiras, forma de pensar, convicções políticas ou religiosas.

Acredito que uma hora ou outra, os que entenderam a bênção de existir, vão chegar também à conclusão da importância de se amar alguém, e investir nesse amor.

Foi isso que tentei dizer nesses versos:

UM AMOR MADURO
Existem pessoas tão simples então
que pelo simples fato de existirem
já nos alegram de tão amadas que são.
Vê-las felizes nos animam também,
se choram, juntos nos entristecem.
Se sorriem, em nossos dentes aparecem
de tanta coisa boa que dá no coração.

Amar deve ser assim pra maioria
parece manhã de domingo todo dia
parece primavera toda estação
todo cheiro parece de terra molhada
no começo da chuva no sertão.

O amor que se cultiva é a coisa mais bela que existe
às vezes perdemos tempo sem amar o que temos
em busca de um amor incerto
buscamos longe o que está tão perto

Que ninguém acorde em um dia daqui pra frente
já sem vigor pelos anos da incerteza
e descubra já tardiamente
que nessa vida não amou o suficiente.

Um dia desses você vai descobrir que amar os que estão próximos é a verdadeira missão, é o que dá sentido à nossa existência.

E sobre a paixão do coração, recomendo: não espere a pessoa perfeita, nem o príncipe encantado ou a princesa, eles não vão aparecer, pois estão muito ocupados em não existir. E além do mais, a vida não vai te esperar.

***

Durante uma parte da vida, você alimenta sonhos e investe em coisas que, muitas vezes, não trazem nenhum retorno. Obviamente, isso não é uma regra, mas são esses erros e acertos que nos trazem as experiências da vida. O único problema é que os erros do passado deixam marcas, algumas marcas que contam histórias de situações extremamente dolorosas e até traumáticas. Algumas delas jamais se apagam, nem da pele e nem da memória. Cicatrizes que não querem te deixar ir além.

E por essas cicatrizes você cria uma proteção, contra as situações que te presentearam com as marcas, porque as experiências não somente te deixam resistente, mas principalmente, te faz mais prevenido, a fim de não vivenciar novos episódios dolorosos.

Aqui, eu apresento uma proteção que criei para o meu coração e para a minha mente:

A PROTEÇÃO
Quero um lugar pra amar
jogar as raízes pra terra e parar
fixar as emoções no que está perto,
naquilo que está presente,
naquilo que parece certo.

Quero andar ao lado de tudo que desejo
pra desejar mais ardentemente o que vejo,
sentindo o calor de tocar o que posso ter,
estar bem perto do que desejo querer.

Aquilo que me arrebata os sentidos
é o que quero em minha mão.
Já é tarde pra mudar os sustenidos
da música que escreveu meu coração
só vou respirar o amor
dos que querem minha atenção.

Pois enquanto o mundo não para de girar
tudo vai mudando em redor
e enquanto ele gira fugindo do sol
a vida foge a cada volta que ele tenta dar.

É tão irônico ser tudo passageiro
e cada momento ser tão especial.
Desejar as coisas que já tenho
foi a proteção que inventei
pra não sofrer com as utopias
que durante vida alimentei.

Não espere que as coisas aconteçam de forma perfeita, pois a vida é imperfeita, assim como você. Portanto, aprenda a se aperfeiçoar nessas imperfeições, aprenda a gostar do que você faz e a amar o que você tem, porque quando amamos o que fazemos e o que temos, somos mais alegres e mais satisfeitos. Assim, sem percebermos, as pessoas notarão o quão agradável é a nossa presença, oportunidades se abrirão e coisas boas e inesquecíveis acontecerão.

***

Certa vez, em um evento religioso, vi uma mulher agradecendo a Deus pela vida do seu marido, e as palavras usadas foram: "obrigado, Senhor, por ele estar respirando.". Naquele momento, eu percebi a gratidão de alguém que ama de verdade. O simples respirar da pessoa amada já era um motivo de felicidade e gratidão.

O casamento agrega tantas coisas, como compreensão, tolerância, condição financeira e muito mais. Não que essas coisas não sejam importantes, no entanto, na hora em que a respiração da pessoa amada cessa, nós descobrimos o que realmente importava.

Dessa premissa nascem as ideias reunidas a seguir.

PERTO DO MEU BEM
Seu amor é remédio para mim.

Deu-me calma a sua voz,
não pela beleza do seu timbre,
mas da simplicidade de ouvi-la.

Deu-me alívio seu toque,
não pelo calor em minha pele,
mas pela simplicidade de senti-la.

Deu-me alegria o seu tato,
não pelo prazer no meu corpo,
mas pela certeza de poder dormir
toda a noite ao seu lado.

Sua simples existência satisfaz o meu amor.
O respirar dela
me inspira a querer mais respirar pra ela.

Mas se longe dela me acho,
perco a certeza das coisas simples que me faz.
Corro agora para dentro de seu raio
ao alcance de seu abraço
viver o bem que ela me traz.

Não espere que a falta da pessoa que você ama lhe mostre o que você deveria sempre ter valorizado, a presença. Não deixe que a tradição do aniversário de casamento ou o capitalismo das comemorações instituídas pelo comércio restrinjam o tempo da homenagem e do valor que você deve à pessoa amada. O melhor dia de se valorizar a quem se ama são todos os dias em que estamos respirando e o melhor momento é o agora.

***

Capítulo 6

VERSOS PROIBIDOS

Pelos novos amores, rasguei as velhas cartas
sacrificando a história pra investir na vida.
Forçando o coração a jogar as letras fora
de um tempo que a lembrança não apaga.

Na caminhada da vida houve altos e baixos, houve erros dos quais eu gostaria de esquecer, erros que na verdade ainda existem, impressos nas cicatrizes do corpo, da alma e do coração. Por conta dessas cicatrizes impressas em nós, não conseguimos simplesmente deletá-los, então precisamos encontrar um jeito de conviver com eles.

Porém, a grande realidade é que esses erros também contam as nossas histórias. Reuni aqui alguns versos produzidos a partir desses erros. Não pude simplesmente apagá-los, pois assim como as cicatrizes, eles também foram impressos, a fim de que eu me lembre de que certas coisas não me são mais lícitas.

Para esses versos não haverá contexto. Que a sua imaginação lhe mostre o que você quiser ver, só não venha colocar palavras em minha boca!

CARTAS DE AMOR

As cartas falam onde não há palavras faladas
por medo, talvez, ou só por timidez,
ou ainda por cansaço das palavras
que de tantas vezes ditas se tornaram obsoletas.

Elas choram e sorriem nas mãos dos amores
de olhos apaixonados, que escrevem as cores
da juventude alegre de hoje só lembranças
de casa e de escola, das ruas e da infância.

Quantas histórias guardadas em velhos armários,
dos meninos sonhadores de outrora.
Nas cartas empoeiradas, as letras escondidas,
cenas de paixões nas páginas amareladas.

Hoje eu só queria um papel e uma caneta,
pois já desisti de todas coisas pronunciadas.
Porque a história só se vive uma vez
e resto fica por conta das palavras.

Pelos novos amores, rasguei as velhas cartas
sacrificando a história pra investir na vida.
Forçando o coração a jogar as letras fora
de um tempo que a lembrança não apaga.

Como versos proibidos, estes ficaram para a história e puxam uma ponta de saudade, não pelos fatos implícitos, mas pela tradição das cartas, que devido à tecnologia e à mudança cultural, caiu no desuso.

A minha geração escreveu cartas de amor, e a atual infelizmente escreve mensagens para encontros, breves mensagens e breves encontros.

**

Há segredos que corroem, que marcam uma vida, ocultos nas lembranças. Segredos de erros cometidos e de erros provocados. O único benefício que nos trazem é a determinação de não cometer os mesmos erros.

São os segredos que não podem ser compartilhados. Por isso mesmo, são segredos.

SEGREDOS

Há segredos que não se revelam
Não porque sejam maus
ou podres, ou pecaminosos,
mas são tão particulares
que ninguém os entenderiam.

Seus hospedeiros
os guardam como um tesouro maldito.
Na escuridão do inconsciente
que vez por outra os sonhos
trazem para fora
aflorando a ponta do *iceberg*.

Fica guardado em nosso lado de dentro
corroendo, pinicando, se espalhando

crescendo enquanto envelhecemos
um momento de cada vez
momentos que viraram histórias
e nunca mais voltam.

Por que contaria?
Se existem amigos que não ouvem,
se ouvem não escutam,
se escutam não entendem,
se entendem não choram.

Por que contaria
o que ninguém entenderia?

Fica escondido
como Naamã que ostenta a armadura
sua grande imagem
sua excelente postura
e por dentro uma lepra
que ilustra o portador de muitos segredos.

Se não houvesse pedras na caminhada, não haveria uma história e nem um caminho.

***

Dos erros mais mortais da vida, os piores são aqueles em que você pensa estar certo ou que pensa que ninguém está vendo!

NOSSAS ESTRADAS

Existem pessoas que entram e saem
da vida da gente
que roubam nossa atenção
mexem em nossa história

que modificam nosso jeito,
nos ensinam coisas.
Coisas que nos acrescentam
ou que nos tomam tudo.

Mas sei de um tipo novo
que passa de largo,
que não tem compromisso
e que não aparece.

Não te deve nada
e nem te cobra também.
Não se magoa contigo
e não te magoa também.

Mas fala bonito,
te manda mensagem
e conta segredos e diz elogios
sorri e fala bobagens.

Nossas estradas não se cruzam,
mas passam paralelas
por um pequeno trecho,
que seguem e depois se vão.

Cada estrada para seu rumo.
Cada um segue seu destino
e a vida vai serena na frieza do tempo,
cada um no seu caminho.

Mas se um dia esta estrada
passar por aqui de novo,
se faz um desvio no caminho
só pra sentar e conversar um pouco.
Face a face, olho no olho.

Não viva momentos como se fossem únicos, pois a tua vida inteira pode ser destruída por conta de um único ato insano.

***

Capítulo 7

A RELIGIÃO

Quando se ama os que se tem sob as asas,
vale a pena edificar essa nova casa.
Sendo a alegria, o respeito e o amor
dentro desta última morada,
muito maior do que o da primeira casa.

Houve um momento, um ponto na caminhada da vida, em que tudo se esclareceu, como se o sol nascesse dentro da mente. Com tudo mais claro, a caminhada se tornou mais eficaz e o objetivo podia ser visto ao longe.

Nesse dia então, eu descobri a religião, descobri que é tão necessária a conexão com o Criador quanto é com o nosso semelhante. A vida é como uma rede, com um sem-fim de vidas conectadas, e a religião é a força para atar todas essas conexões. Claro que nem sempre essas conexões estarão sólidas, às vezes elas são rompidas, por diversos motivos. No entanto, esse é o grande objetivo da religião, conectar pessoas ao Criador e conectar pessoas com pessoas.

Por vezes, aprendi que somos como casa de Deus, a fim de que Ele habite em nosso interior. Então, olhei para minha casa, aquela onde abrigo a minha família, e vi uma casa que precisava mais do Criador nela, e assim me lancei à tarefa de fazer do meu lar, o lar Dele, pois não era justo ser casa de Deus e não ter Deus na minha casa.

A ÚLTIMA CASA

Ouvi vozes de cânticos em minha morada
no dia em que lançamos o alicerce
as bases de uma nova casa.

Misturamos ao choro dos que se lembraram
da antiga casa,
juntamos aos gritos de alegria
daqueles que esperavam a nova casa.

Quando se ama os que se tem sob as asas,
vale a pena edificar essa nova casa
sendo a alegria, o respeito e o amor
dentro desta última morada,
muito maior do que o da primeira casa.

De longe se ouve agora
as vozes do choro de alegria,
adorando ao Desejado de todas as casas,
na boca de todos os que moram em minha casa.

Alusão à história da construção do segundo templo em Esdras 3.10-13, em que vozes de alegria e choro se misturavam e externavam tristeza e esperança no mesmo alvoroço.

Quando se aprende o valor do nosso lar e se entende a importância de se ter nele aquele que o instituiu, ou seja, o nosso Criador, é como encontrar um tesouro e guardá-lo em um local seguro.

***

Enquanto andava na longa caminhada dessa vida, houve pedras que tentaram me impedir, hora lançadas, hora paradas ali, no meio do caminho. Mas, ao chegar perto do fim, começamos a entender o começo, começamos a entender o porquê de tantas pedras.

Deixo nesta poesia a mensagem de uma vida.

AS PEDRAS DO CAMINHO

Se na estrada você se calar
muitas pedras vão gritar.
E se diante das que te lançam
tu não se manifestar,
todas elas vão te acusar.

Não são melhores os que as atiram,
nem há motivo pra tanta força nelas.
Mas de todo mal e de tantas pedras
tens a que te fecha a entrada.
te prejudicando mais do que todas elas.

Que testifica a morte dos que esperam.
Que separa os mortos e os que lamentam.
Segurando o odor de quem esperou,
embarreirando a fé dos que vão morrendo.

Mas se alguém te chamar lá da entrada
é porque a fé já removeu a grande pedra.
E se ainda muitas delas te arremessam
é porque ainda tem muita caminhada.

Alusão à história de Lázaro no Evangelho de João, capítulo 11.

Dos grandes ensinos que o Senhor Jesus me trouxe, este é talvez o mais prático: as pedras que encontrei na caminhada, hora lanças, hora paradas lá no caminho, não foram colocadas no caminho, na verdade, elas eram o caminho!

Não se lamente pelos problemas da vida, pois eles são a vida.

***

A religião é boa, difícil é conviver com alguns de seus praticantes, e alguns deles transformam a verdadeira religião em uma falsa, porém o maior problema não é praticar a falsa religião, mas, sim, fazê-lo fazendo parecer a verdadeira. Alguns fazem isso com extrema habilidade, pois se ocultam debaixo de uma máscara, como o general sírio da Bíblia, que comandava seu exército, mas por baixo de sua armadura, era leproso. Mantinha a sua posição de chefe militar, mas no particular dos seus aposentos amargava uma doença que o corroía literalmente.

Alguns religiosos são assim.

A MÁSCARA E A ARMADURA

Cansado estava da vida de engano
a fim de lançar mão da velha máscara
e lançar fora sua religiosa aparência
para voltar a enxergar como outrora
e ver por cima daquela máscara cinzenta,
que de todos sua face escondia
e que ao povo um outro se mostrava.

Por dentro a podridão fedia
escondido sob a máscara sofria,

como um general que comandava
enquanto uma lepra o condenava.

Queria cura sem deixar a armadura,
pois era belo o que por fora se mostrava.
Se por dentro não tinha vida
por fora vida aparentava.

Suas palavras tinham força
que estremecia e arrepiava,
mas eram só delírios da máscara
que sua vida controlava.

Mas há um milagre que acontece
logo após o cair da máscara.
E após o tirar da armadura
é quando o que é podre aparece.

Mas não ganhará vistas da compreensão,
se não andar na direção do que o chama
e não haverá pureza ainda da doença,
se não descer as águas da humilhação.

As palavras contidas nesses versos não são para que se abandone a fé, mas que se faça o melhor, para que se faça melhor do que eles, pois existe a falsa religião, mas também existe a verdadeira.

CAPÍTULO 8

PRÁTICO

Esse foi o contexto de algumas de minhas poesias, construídas ao longo da vida, que contam um pouco da minha história. Histórias como as de qualquer outra pessoa, com seus altos e baixos momentos; momentos de aprendizado e de aplicação, em que a aplicação é um aprendizado ainda melhor.

E todo o nosso conhecimento, aquilo que adquirimos dos livros, da observação ou das experiências, tanto nossas como dos outros, só será relevante se puder ser aplicado, se puder ser vivido, se puder ser transmitido.

Assim que fechar as páginas desta obra, que você possa colocar em prática algum aprendizado para a sua vida, alguma coisa que falou contigo aí no seu interior.

Nada trazemos para essa vida e nada levamos dela, como já disse um homem da terra de Uz chamado Jó, não com essas palavras, é claro. Porém, embora isso seja a mais pura verdade, encontrei uma outra realidade, pois se não trouxemos nada e não levaremos nada, podemos, no entanto, deixar algo. Podemos deixar algo que construímos com a nossa história de vida, registrados em livros ou somente em memórias, para muitos ou para nossa prole, não importa; o que importa é compartilhar o melhor de nossas vidas com os nossos semelhantes.

Como dito anteriormente, a vida deve ser uma rede de conexões, entre nós uns com os outros e nossa com o nosso Criador. Que não seja você a romper essas conexões! Por isso, faça amigos, ame a família, cuide de seus pais e se permita ser cuidado por seus pais. Mas o principal disso tudo é: conecte-se com o Criador, pois a força de todas as conexões virá da sua conexão com Deus, porque você jamais poderá dar aos seus amigos, cônjuge, pais e filhos aquilo que você não tem. Isso porque essa conexão de que tenho falado o tempo todo é viva e a sua força vital se chama amor.

E como um último concelho deixo esse apelo:

Quando as palavras complicarem mais as situações difíceis, e os argumentos não concertarem mais nada, oferte o teu melhor silêncio, pois será como um grito estridente na mente dos que te julgam e te reprovam sem te conhecer.

A FORÇA DO SILÊNCIO
Ah, se os homens conhecessem a força do silêncio,
sua profundidade, seu valor, sua paz...
Ah, se as pessoas entendessem que ouvir
produz mais do que falar.

Quantas seriam as tragédias evitadas,
quantos seriam ainda os filhos com os pais.
Quantos seriam os casamentos restaurados
e quantos dos filhos ainda teriam os pais.

Quantos amigos estariam conosco ainda
se não fossem as palavras malditas,
que de tantas que foram,
tantas que saíram mal colocadas.

Ah, se o silêncio estivesse mais presente
na boca de alguns santos imprudentes

que dizem de si mesmo, tantas qualidades
tantas quantas as palavras podem dizer.

Mas o silêncio tem força,
pode ser mortal e sinistro.
Às vezes consente, às vezes reprova,
às vezes acusa, outras vezes aprova.

Quando alguém se cala,
buscam no seu rosto as palavras,
dos gestos uma resposta, no corpo uma mensagem.
Assim se dá toda atenção ao que se cala.

A palavra dita após o silêncio
é esperada, é ouvida e apreciada.
Se dita depois de muitas palavras, é logo ignorada
não é atendida, mas é de todo rejeitada.

O silêncio ouve mais, sente mais e ajuda mais,
escuta como um psicólogo e fala mais dentro da alma.
O silêncio melhor aproveita, de tudo que dá a vida,
a oportunidade de ficar calado!

Vou ficando por aqui.
Que o Senhor abençoe você e tua casa!
Até mais.